동행의 길

송연화 시인의 황금농장
010-9057-3900
이메일: wlrwjs@hanmail.net

창작동네 시인선 188

동행의 길

인　쇄 : 초판인쇄 2024년 11월 05일
지은이 : 송연화
펴낸이 : 윤기영
편집장 : 정설연
디자인 : 정설연
펴낸곳 : 노트북 출판사_
등　록 : 제2012-000048호
본　사 : 서울시 동대문구 사가정로 256-4호 나동 B101
전　화 : 070-8887-8233 팩시밀리 02-844-5756
H　P : 010-8263-8233
이메일 : hdpoem55@hanmail.net
판　형 : 신한국판형 P144_140-220

2024. 11_동행의 길_송연화 제27집

정 가 : 15,000원

ISBN : 979-11-88856-90-9-03810

*저자와의 협의로 인지는 생략합니다.
*잘못된 책은 교환해 드립니다.

동행의 길

AI 시노래

QR코드로 영상시 감상하기

창/작/동/네

목 차

1부. AI 시노래 특집

뜨락에 내리는 봄비…010
사랑의 뜨락…011
사랑아…012
연둣빛 사랑…013
초록의 꿈…014
연정의 꽃…015
일출…016
가을사랑…017
능소화…018
저녁노을…020

2부. 동행의 길

동행의 길…022
부부…023
나들이…024
외출…025
아버지·1…026
아버지·2…027
엄마의 봄날…028
친구야…029
사랑꽃…030
농장견학…031
단합모임…032
어머니 효도 여행…035
일본여행_1일차…036
일본여행_2일차…38
일본여행_3일차…40
일본여행_4일차…42

3부. 꿈이 익는 봄

눈꽃 산행...046
발왕산...047
꿈이 익는 봄...048
봄비...049
연두의 꿈...050
노오란 햇살...051
봄동산...052
사랑의 싹...053
감자 심는 날...054
매화꽃...055
옥수수 파종...057
목련꽃...058
또 봄비...059
능수버들...060
명자꽃...061
진달래...064
벚꽃길...065
개나리꽃...036
산수유꽃...037
벚꽃사랑...068
옹이꽃...069
복사꽃...070
배꽃...071
연산홍...072
잔디꽃...073
조팝꽃...074
엄나무순...075
금낭화·1...076
금낭화·2...077

봄나물...078
붉은 아카시아...079
아카시아...080
유채꽃...081
이팝나무...082
해당화꽃...083
찔레꽃...084
꽃무덤...086
아그배꽃...087
블루베리꽃...088
등나무꽃...089
붓꽃...090
감자꽃...091
청보리...092
봄나들이...094
연둣빛 사랑...095
금계국 꽃...096
장미꽃 모음...097
물오리가족...098
들깨 파종...099

4부. 뜨락의 꽃

뜨락의 꽃...102
장미축제...103
보리가 익어갈 때...104
초록 꿈...106
꿈 뜨락...107
자연의 묘기...108
녹색혁명...109
저녁노을...110

노을...111
여름의 시작...112
산괴불주머니꽃...113
모종 심고...114
곤드레 수확...115
청춘아...117
담쟁이...118
하지 감자...119
비닐 씌우고...120
까마귀...121
오 내 사랑아 ..122
사랑비...123

5부. 검정 고무신

검정 고무신...126
그립다...127
나의 보물들...128
희망길...130
가족...131
예쁜집...132
판운 섶다리 ..133
아침에...134
카페식당...135
지나간 세월...136
닮은꼴 모녀...138
맹방 유채꽃...139
등대...140
바다의 꿈...141
파도...142
포항 호미곶...143

1부. AI 시노래 특집

AISUNO music 4집 작사_송연화

詩노래_가슴시린 발라드

01 뜨락에 내리는 봄비_02:09
02 사랑의 뜨락_02:53
03 사랑아_02:59
04 연둣빛 사랑_02:42
05 초록의 꿈_02:30
06 연정의 꽃_02:51
07 일출_02:59
08 가을사랑_02:54
09 능소화_03:22
10 저녁노을_03:05

기획 정설연_producer_영상편집_윤기영
음악제작 창작동네TV_영상관리_AI ㅅ노래 공작소

뜨락에 내리는 봄비 _작사 송연화

AI 詩노래

뜨락에 봄비가 내린다
살포시 찾아오는 비
겨울의 때를 씻어준다

시들은 갈잎도
잠이든 풀잎도
햇살 미소로 일어나
기지개 활짝 켜고 있다

노랗게 물든 봄
연둣빛 친구도
아장아장 걸어 나온다

차가운 들녘
꽁꽁 얼었던 마음도
봄비에 사르륵 녹아
그리움을 풀어 놓았어라
봄비여 사랑합니다

사랑의 뜨락 _작사 송연화

AI 詩노래

사랑의 뜨락에 시꽃이 피었다
시화를 모아서 옆지기 자랑하니
이웃사촌들 덩실덩실 춤춘다

이웃사촌 한마디가 응원의 힘이되고
작가님 불러주니 행복한 미소가
사는 맛 나는 여유로 시골이 좋아라

땡그랑 울림 주는 시화들
바람에 흔들리는 시화들
모여 오롯이 차 한잔 즐겨본다

바람에 펄럭이는 시화들
뜨락의 예쁜꽃 향기로 품어준다
정겨운 사랑의 뜨락에
시꽃이 사랑으로 깊어가는 세월아

송연화

사랑아 _작사 송연화

AI 詩노래

따스한 마음으로
가꾸어 갈 마음의 터전
후회는 남기지 말고

사랑 가득 내 마음 채워
그대에게 다가가요
사랑아 변하지 말아요

향기로운 언어로
해맑은 미소로
뜨락에 퍼지는 햇살처럼

그래 그렇게 내 사랑
내 곁에 심어두고
벙그는 마음으로 살아요

첫사랑처럼 달달하게
사랑의 충전으로
사랑아 영원한 내 사랑아

내 안에 피어나는 꽃
언제나 향기로 머물러
행복 충전 만땅 살아요

그대와 나 둘이서
돌고 돌아가는 인생길
늘 푸르게 사랑하며 살아요

그래 그렇게 내 사랑
내 곁에 심어두고
벙그는 마음으로 살아요

연둣빛 사랑 _-조사 송연호-

AI 詩노래

들녘은 연둣빛 사랑
계절이 오고 감에
새소리 바람소리

눈부신 햇살은
푸른 물결 일렁이고
빛가림 화려한
꿈꾸는 연둣빛 사랑

새로운 날의 시작
푸른 꿈 가득 안고
아름다운 이 순간

하루가 다른 빛깔에
한시름 놓았어라
날마다 눈빛 사랑에
즐거움만 커가네

송연화

초록의 꿈 _작사 송연화

AI 詩노래

초록의 꿈 피어나고
눈가엔 푸르름 넘실넘실
사랑은 바람 타고 찰랑찰랑
싱그런 사랑 자라나네

농부의 사랑 열매가 사랑되고
주인의 발걸음 바쁘기만 하네
논밭엔 개구리 울음소리 정겹고
나뭇잎 속삭이고 있네

휘파람 불어주는 초원의 물결
참새떼 휘릭휘릭 좋아라
온 동네 기쁨이 가득하네
내 사랑 내 가슴 푸르름 가득하네

연정의 꽃 _작사 송연화

AI 詩노래

화려한 꽃들의 향연
천상에 피어나는 꽃들
마당을 물들인 꽃이여
그대 이름은 연정의 꽃
아름다운 꽃이었던가

연정의 꽃은 춤추고
벌 나비 찾아와 춤추니
온종일 마주하는 꽃들
마음을 충족시켜 주는
꽃의 연정을 불러 본다

아침마다 인사 나누는
매력이 넘치는 연정의 꽃
오 가며 물도 주고
정성으로 가꾸니
입술은 연정연정 달고 산다

꽃 잔치에 행복한 나
향기 나는 삶이기에
한없이 안락한 행복이다
꽃의 잔치여
꽃의 연정이여
사랑의 연정은 피어난다

송연화

일출 _작사 송연화

AI 詩노래

가슴에 품은 그리움아
알알이 영글어 가는 마음
가슴이 터질듯 벅차다

바쁜 일손 끝내고
여행길에 오르는 기쁨
가슴은 늘 설레고 황홀하다

여행길에 만난 일출
바라볼수록 두근두근
붉게 타오르는 찬란한 빛

둥글게 차오르는 태양
바다는 그림처럼 화려하고
희망은 만삭의 꿈에 젖는다

좋은일 덤으로 찾아오고
활력이 넘치는 구월
가을을 풍성하게 맞으련다

가을사랑 _작사 송연화

AI 詩노래

가을에는 너가오면 좋겠다
바람길에 언덕을 낮추어도
너는 솟대처럼 한 뼘 커온다

고추잠자리 맴도는 날에도
너의 솟대에는 소망을 건다
사라지는 하늘 끝 바람처럼

햇살 아래 웃는 그대 모습이
성큼 사랑으로 다가오기를
그리움 지워가며 기다린다

가을에는 언제나 그랬듯이
주머니에 숨겨둔 약속처럼
너와 나의 추억을 담고싶다

송연화

능소화 _작사 송연화

AI 詩노래

담장위 능소화꽃
보고픔 가득 안고
붉은 맘 꽃을 피워
떠난 임 기다리네

애절한 슬픈 사랑아
한이 서린 능소화
그리워 불러보는
못잊을 임이시여

붉은꽃 타는 여심
세월의 넋두리여
꽃잎은 뚝뚝 떨어져
그리움만 쌓이네

저녁노을 _작사 송연화

AI 詩노래

화려한 하늘선물
날마다 다른모습
여유를 갖고보니
빛가람 행복이다
보이는 자연이 최고
즐거움이 넘치네

들녘이 울긋불긋
저녁놀 물들이고
서산에 기우는해
축복의 선물이야
긴 하루 김치 담그며
하늘보며 쉼 하네

여름을 보내는 맘
미련도 남질않네
더위에 지친마음
가을이 위로하고
사계절 뚜렷하기에
계절따라 즐긴다

송연화

2부. 동행의 길

인생은 두렵지 않아요
그대랑 손잡고 동행
거침없이 살아왔기에
지금이 마냥 좋답니다

지난 시절 뒤돌아보니
삶의 진한 향기 속에
웃음꽃 잃지 않았으니
이만하면 행복한 삶이죠

동행의 길 중

동행의 길 _작사 송연화

AI 詩노래

하늘이 맺어준 필연
그 인연에 공들이며
귀한 그대를 알뜰히
진정으로 섬깁니다

내 사랑 인생길 따라
가시밭길 갈지라도
외길을 주저하지 않고
직진으로 달렸지요

인생은 두렵지 않아요
그대랑 손잡고 동행
거침없이 살아왔기에
지금이 마냥 좋답니다

지난 시절 뒤돌아보니
삶의 진한 향기 속에
웃음꽃 잃지 않았으니
이만하면 행복한 삶이죠

이젠 내려놓는 삶의 연습을
조금씩 비워내면서
함께 걷는 동행의 길
새털처럼 가벼워 질테죠

부부

하늘이
맺어주신
부부의 인연
참사랑 빛사랑

성혼식
청실홍실
고이엮어서
집짓고 살으라

호적에
올려놓고
아들 딸 낳아
최고라 길렀지

오늘도
여보 당신
거룩한 이름
부르고 산다네

송연화

나들이

지도자님댁 초대로
바다로 나들이
이웃사촌들과 어울림
뿜뿜 설렘가득이다

못자리 끝마치고
풍년을 기약하면서
떠나는 하룻길 여행
정다운 이야기 도란도란

연두는 짙은 초록으로
옷 갈아입고 반기며
화사한 산벚꽃
바람을 안고 논다

어느결 소녀 소년이 되어
손에는 한잔의 커피로
일탈로 하하호호
마냥 낭만을 즐긴다

파란 바다도 담고
접시가득 차려진 회
소주 한잔의 나눔으로
한 뼘더 가까워졌으므로

외출

두사람 즐거운 나들이
힘들고 고단한 몸으로
일상에 지쳐 시간보냈지
드디어 상가를 처분했다

17년간의 영업장이여 안녕
달려달려 룰루랄라
마음은 심쿵심쿵 저릿저릿
한바퀴 돌고돌아 좋았어라

둘이서 이천 쌀밥으로
저녁을 해결하고
친구집 방문 수다풀고
집으로 향하는 발걸음

별이 파랗게 빛나고
반달이 유난히도 밝아
나의 삶 축복해 주려는듯
하늘이 곱게도 반짝인다

두 사람 찐 사랑으로
달달하게 오붓하게
이해와 존중으로 섬김하며
행복하게 살아보리라

송연화

아버지 · 1

저 하늘
흘러가는
꽃구름 속에
내 임은 계실까

그리움
몽올몽올
하늘길 따라
추억은 두둥실

연화야
불러주신
임의 목소리
귓전에 맴돌고

목놓아
울고있음
달래주실까
보고픈 아버지

아버지·2

아버지 살아생전
힘든일 궂은일에
누렁이 소 앞세워
산전밭 오 가시며
언덕의 밭갈이했죠
이랴이랴 아리랑

육남매 배 곯을까
쉼 없이 일하시는
고단한 삶의현장
아버지 적삼에는
지친 삶 소금꽃피워
자식위해 사셨죠

그때는 몰랐어요
아버지 떠나신 후
고통의 아픈 삶을
어렴풋 짐작해요
제 나이 환갑지나니
아버지 길 보여요

그립고 보고싶은
아버지 떠올라서
오늘도 고향언덕
한달음 달려가요
그곳에 잠들어 계신
사랑하는 아버지

지켜봐 주실거죠
육남매 제자리에
열심히 일하면서
자식들 키워내며
오로지 아버지처럼
부지런히 살아요

송연화

엄마의 봄날

수술 뒤 외출이라
소녀가 되신엄마
새처럼 조잘조잘
즐겁고 기쁘시네
오늘은 엄마의 봄날
나들이가 좋아라

꽃구경 진풍경에
길거리 북적이고
가족들 꽃 초대에
웃음꽃 활짝폈네
향기는 하늘높이 떠
하늘하늘 춤추네

바람이 간질이면
꽃대공 일렁이고
향긋한 임의향기
담아서 오는 듯해
행복한 꽃나들이 맘
감출 수가 없어라

친구야

모여라
친구들아
치악산 숲길
만나서 오르자

꽃피고
새가 우는
숲속의 둥지
모퉁이 돌아서

너와 나
그 얼마나
기다렸던가
세월아 비껴라

목젖이
보이도록
마음껏 웃자
얼씨구 절씨구

송연화

사랑꽃

붉은색 아카시아
빨갛게 꽃물 들인

도로변 언덕길에
사랑꽃 피었구나

가지가 휘어지도록
다붓다붓 달렸네

해마다 찾아오는
가로수 색 다름에

반가움 즐거움에
웃음꽃 방글방글

도로위 오가는 차량
느릿느릿 가누나

농장견학

햇살은 해실해실
하늘은 파란호수
발길은 작약농장
끝없이 펼쳐진곳
작약꽃 꽃몽우리들
기쁨으로 반기네

어여쁜 작약꽃들
어울려 올망졸망
화려한 꽃들피워
농부맘 흔들리네
향기의 아릿따움에
작약농법 배우네

꿩먹고 알도먹고
이럴때 쓰는건가
알토란 농사짓자
뿌리는 약용으로
작약꽃 꽃시장으로
부농의 꿈 이루리

송연화

단합모임

새로 이사 오신 이웃사촌
주민들 모여서 단합모임
가로등도 새로 세우고
불밝히고 점등식 핑계

옹기종기 정답게 모여서
삼겹살 구이와 소주 맥주
한잔의 나눔으로 하하 호호
빈집이 채워지는 뿌듯함

서로 도와주면서
정보 교환도 하고
농사 먹거리고 나눔하고
진정 이웃이 되어간다

따뜻한 마음으로
주민이 됨을 환영하고
축복으로 맞아주니
진정 살맛 나는 동네이다

송연화

어머니 효도 여행

어머니 모시고 동해로 나들이
형제들 모여서 효 실천
좋아하시는 회 사드리고
각각 두툼한 봉투선물

아이처럼 좋아하시고
해맑게 표정 지으신 엄마
마지막 소원 일본여행이라고
어쩌랴 실행에 옮겨야지

누가 먼저랄 것도 없이
형제들 입 모아 다녀오란다
그래그래 떠나보자
훗날 후회 없도록

사랑으로 키워주셨으니
어머니 맘 헤아려 드리고
사랑 빚 갚으면서
효도하며 행복하게 살리라

송연화

일본여행_1일차

여행사 끼고 모여서
후쿠오카로 행선지
비행기에서 내려
버스로 이동 일본의 전경
눈 앞에 펼쳐진 누런 보리가
끝이 없고 고층이 아닌
2층집들로 이루어졌다

사가의 오래된 신사와
역사박물관 둘레
빽빽한 대나무가 울창해서
숲길의 은은한 향기가
코끝으로 스치고
산새가 요란하게 지저귀며
격하게 반겨주었다

입이 크게 딱 벌어지게 한 현장
녹나무 나이가 삼천살
우람하고 높이가 굉장하다
믿기지 않았지만 믿을 수 밖에
그루터기 안에 집을 짓고
드나드는 신기한 모습에
경이롭기만하다

또 한 도서관은 신기방기
자그마한 도서관에
어른도 아기들도 모두들
각자의 책을 보면서
나름 조용하고 진중하다
공부하는 모습에 또 한번
놀라움을 금할 수 없다

다케오카로 이동
호텔에 여장을 풀고
즐거워하시는 어머니와
시누이 남편 저녁 식사 시간
기다린 만큼 소박하고
알찬 만찬이었다
가까운 이웃 나라 시간도 같으다

잠깐의 쉼을 하고
전통 의상으로 갈아입는 체험
그저 웃음밖에 나오질 않았다
하루의 긴 피로를 푸는 온천욕
물이 따끈하고 쾌적하기에
피부에 부드러움과 탄력을
주는 듯 매우 매끄럽다

가족이 함께하는 여행
하루 온천욕으로 마무리
나만의 시간으로
여행기 이모저모
담아보면서 참 행복하다
아름다운 추억만들기
내일을 또 기대해본다

송연화

일본여행_2일차

맑게 개인 청명한 하늘
옥색같은 하늘빛 드물게
뭉게구름 꽃처럼 피어
기분도 한껏 부풀어 오른다
호텔에서 조식하고
히타로 가족들 이동

마메다마치 관광
전통가옥들이 잘 보존되어
유네스코에 등재되어
철저하게 관리한다 했다
또 다시 가이드 설명 들으며
긴 시간 관광버스로 이동

큐수속 작은 스머프 마을
아기자기한 상점들이
즐비하게 늘어서 있고
꿀 아이스크림 간장 아이스크림
이색적인 맛 생소했다
전통 맛집들 겹치지 않아
참으로 신선한 충격이였다

유휴인의 심장 같은 곳
간린코호수 관광
아름다운 호수로 배경으로
오밀조밀 작은 집들이
그 나라의 특색품을 팔아
살아가고 있었다

유노쓰보가이도
아기자기한 상점들
소품들이 예쁘게 진열 판매
맛보기 음식 조금씩 사서
골고루 체험하고
뱃속은 이미 포화상태이다

오후엔 벳부로 이동
세계에서 온천이 가장 많은 곳
온천 왕국이라 부른다
천연입욕제를 만드는 유노하나
유황재배지 견학
일본 가정에서 많이 즐긴다 했다

빨간도깨비가 지키는
가마도 지옥 관광
족욕체험도 하고
유황온천수에 삶은
달걀과 맥주도 마시고
달달한 시간이였다

하루의 일점 마무리 짓고
스기노이 호텔에 짐을풀고
저녁은 호텔식 뷔페로
노미호다이 색다른 체험
피곤한 몸 유황온천으로
피로풀며 깔끔하게 마무리
또 내일의 관광을 기다려본다

송연화

일본여행_3일차

새벽 5시에 기상
야외 온천장에서
웅장한 해 오름을 봤다
바다에서 떠오르는 해
굉장한 감동이었다

호텔 조식 후아소로 이동
신선한 우유로 유제품을
생산하는 아소 밀크팩토리
요거트가 일품이었다

대자연의 경관을 한눈에
담고 볼 수 있는 아소 대관봉
세계 최대 칼데라 아소를
멋지게 감상할 수가 있었다

일본 3대 명성 중에 한곳인
구미모토성 자국의 일본인들은
자랑스러워 하는 곳 이겠지만
우리 대한민국 국민은
너무나 가슴 아픈 역사
어찌 잊을 수 있을까

후쿠오카로 이동
하카타 포트 타워관광
초대형 건담 입상을
볼 수 있는 라라포토
후쿠오카 백화점 구경
그 곳에서 저녁을 먹고
크로스 라이프 하기타 야나기바시
호텔에서 긴 하루를 마무리

송견화

일본여행_4일차
-부부의 날-

아침에 눈을 뜨면서
옆사람 확인하니
내 사랑이라서 참 좋다
편안하게 잠자는 그사람
손을 살며시 잡아본다
여보 고마워요
당신의 사랑 최고입니다

내 어머니 챙겨주는
자상한 남편
이 세상 그 누구도
난 부럽지가 않다
오늘이 부부의 날
관광지 돌고 돌면서
연리지 나무앞에서 기념촬영

괜시리 가슴이 뭉클
두 그루의 나무가
한 뿌리에서 자생
큰 나무가 되어 가도록
마주 보며 살아가는 모습
경이롭고 신비하다
아니 감동이다

다툼은 적게
사랑은 뜨겁게
존중하고 배려하면서
진정 살갑게 살고프다
나를 사랑하는 그대여
이젠 내가 더 많이
챙기고 사랑할께요

남은 세월 아프지 말고
잡은 두 손 놓지 말고
지금보다 더 찰지게
아름다운 노년의 인생길
정답게 즐기면서
행복하게 살아갑시다
당신을 사랑합니다

송연화

3부. 꿈이 익는 봄

나무에 트운 새싹
꽃눈은 꼬물꼬물
겨울을 이겨내고
귀한 몸 자유롭네
이제는 사랑받으며
꽃과 씨앗 품으리

꿈이 익는 봄 중

눈꽃 산행

눈감으면 떠오르는
눈꽃 산행이 아른거려
툭툭털고 나선다

온통 새하얀 나무들
바람에 나부끼는 꽃송이들
나비처럼 하늘이고

앞서거니 뒤서거니
오르는 산모퉁이에
화려한 상고대

자연이 빚어놓은 걸작
숨 가쁨으로 안으며
오롯이 즐긴다

이 멋진 풍경을
언제 또 만나 보려나
이 순간이 최고인 것을

발왕산

마지막 눈꽃 여행
발왕산 나들이라

하얗게 부서지는
눈송이 나폴나폴

어울려 즐긴 하룻길
탁 트이는 신세계

한눈에 능선 보니
감회가 새로와라

눈부신 하얀세상
춘 설에 흠뻑빠져

즐기는 케이불카속
간질간질 발바닥

송견화

꿈이 익는 봄

비 개인 맑은 하늘
참 곱다 또랑또랑
배시시 웃는 모습
따스한 봄날이야
들녘은 산뜻한 푸름
색깔부터 다르네

밭갈이 뒤집은 흙
빗물에 차분차분
반지르르 좔좔 흐른
영양분 가득 담아
내일을 준비한다네
꿈이 익는 봄이여

나무에 틔운 새싹
꽃눈은 꼬물꼬물
겨울을 이겨내고
귀한 몸 자유롭네
이제는 사랑받으며
꽃과 씨앗 품으리

봄비

뜨락에
소담소담
기쁨의 봄비 내려
묵은 때
벗겨주듯
촉촉한 산과 들녘
생명수
가득 머금고
봄 잔치가 열렸네

좋아라
신이 나라
들녘은 깨어나고
메마른
밭과 들에
싹 틔울 단비여라
살포시
비집고 나온
팔랑팔랑 연둣빛

송연화

연두의 꿈

언 땅속 헤집고서
꼬물이 연두의 꿈
들썩이는 새싹들
풀어헤치고 나오네

마른 낙엽 들추니
추위 견디고 달려온
곱고 여린 새싹들
해맑은 웃음 배시시

이젠 봄이어라
하나둘 찾아오는
냉이 달래 봄의 향기
소소한 즐거움을 준다

햇살 녹아드는 들녘
흙은 살포시 흘러내려
뻐꾸기 노래 장단 맞춰
동글이 집을 지었지

힘찬 실개천 물소리
냇가의 실버들도
연두의 꿈을 꾸는
봄의 하룻길 참 예쁘다

노오란 햇살

처마 끝
스머드는
노오란 아침햇살
따스한
온기 느껴
활기찬 생활척척
밭고랑
들깨 이삭들
옮겨주고 나르고

한해의
농사 준비
서서히 실천으로
꼼꼼이
챙겨가는
부부의 하루일상
풋풋한
들깨 향기가
기분 좋은 하루네

송연화

봄동산

창밖에 내려앉은 햇살
황금빛으로 물들이고
활짝 웃는 너의 고운 모습

볼을 스쳐 가는 찬바람을
겨울의 망태에 걸어놓고
살며시 봄 마실 시작이야

싱그러운 너의모습
온통 너를 향한 그리움
봄 동산을 달려본다

향긋한 꽃길을 걸으며
상큼한 꽃 내음에 취해
자박자박 걷는 그날을

추억길 가슴 설레며
고왔던 기억 속으로의 봄
맞이할 너를 그리워한다

하룻길 노을빛에 잠이 들고
별이 초롱초롱 빛나는 밤은
고요의 적막 속에 묻힌다

사랑의 싹

겨우내 움츠렸던
마른나무 가지마다

꽃망울 사랑의 싹
알알이 송골송골

꿈꾸는 화사한 봄날
사랑꽃이 피누나

가녀린 나뭇가지
희망등 걸어놓고

꽃 웃음 하하호호
너와 나 즐길 그날

손꼽아 기다린다오
울긋불긋 꽃잔치

손연화

감자 심는 날

비닐속 감자 심는 날
딱따구리로 찌르고
감자눈 한개씩 콕콕

장화 발로 공차듯 휙휙
흙 살포시 덮어주고
땅속 감자 집 지어준다

마주 보며 한알씩 톡톡
잠깐 한해의 먹거리
감자 거뜬하게 마무리

여름 하지 감자가
뽀얀 속살 드러내고
와르르 쏟아질 그 날

기다려 줘야지
성장 과정 지켜보면서
가꾸고 돌보면서

농사는 매력덩어리
바라보는 즐거움
사랑 사랑이어라

매화꽃

작은 꽃송이 알알이 맺혀
하얗게 피어난 매화꽃
향긋한 향기 코끝에
가득 휘감겨온다

봄의 뜨락을 찾아온
고운 봄꽃 향연에
맘은 수줍은 소녀처럼
설레고 콩닥인다

뿌연 하늘가 언저리
미세 먼지로 휩싸여
다소 불편한 날씨지만
꽃 데이트에 힐링

집 떠나 조금만 달려도
새로운 모습들 담아
마음 가득 채울 수 있기에
마냥 달달하다

상큼한 꽃향기 그윽한
나들이의 하루
뜨락의 매화꽃 담아
꽃길 자박자박 걸어본다

송연화

옥수수 파종

옥수수 씨앗파종
모판에 씨앗한알
손으로 쿡쿡눌러
씨앗 방 토닥토닥
흙 덮고 물뿌려주니
희망꿈을 꾸겠지

첫농사 시작으로
마음은 기쁨이고
한나절 공들여서
마무리 깔끔하게
개울물 끓어 올려서
살랑살랑 뿌렸지

날마다 사랑으로
발도장 눈맞춤에
손길로 다가서면
고운 싹 파릇파릇
세상 밖 소풍오겠지
꿈을안고 오너라

송연화

목련꽃

꽃사랑 진한향기
드레스 입었어라
눈부신 고운자태
볼수록 아름답네
목련꽃 하얗게 피어
꽃물들인 사랑아

파아란 하늘빛에
거울을 보는 듯이
투영된 어여쁨에
봄이여 불러본다
짜릿한 꽃미소 방긋
그윽함에 취하네

꽃사랑 데이트에
후미진 가슴속을
향기로 가득채워
사랑을 담았어라
기다린 상큼한 봄아
아름다운 동행길

또 봄비

하늘이 어둑하니
또 봄비 후득후득
뜨락의 매실꽃이
와 르르 피어났다
마당가 향기로움이
남실남실 넘치네

파릇한 새싹들이
생기가 돌고돌아
봄비에 흠뻑 젖어
빗방울 떼굴데굴
꽃향기 오래 머물면
이내 마음 좋을터

꽃 피고 새가우는
고요한 시골집의
잡다한 살림살이
겨울을 몰아내고
대청소 물르 씻어내
말끔하게 치운다

송연화

능수버들

늘어진 능수버들
비단결 머리땋아

닿을듯 찰랑찰랑
머리를 염색하여

잔잔히 흘러내리네
아름다운 연두빛

언덕의 바람돌이
짓궂은 소년되어

융단의 머릿결을
흩뜨려 놓는구나

즐기며 그네를 타듯
출렁이며 오가네

명자꽃

이토록 아름다운
명자꽃 으뜸이야
문 밖에 서 있는 너
누구를 기다리나
널 보면 그리움 뚝뚝
아롱지는 보고픔

가슴에 새겨지는
그리운 동무들아
모이자 꽃동산에
흰 머리 성성해진
그대들 보고 싶구나
이름불러 보리니

새 빨간 명자꽃이
곱게도 피었어라
우리들 마음속에
꽃물이 들었세라
모여라 삼삼회 모임
보러가세 만나세

송연화

송연화

진달래

진달래 붉은꽃물
앞산을 물들이고
그리움 풀어놓고
추억속 달려보네
흰구름 두리 두둥실
사연싣고 달리네

아버지 이맘때면
누렁소 앞세우고
밭갈이 이랴이랴
아리랑 부르셨지
지금은 그 어디에서
아버지를 찾을까

진달래 꽃이피면
목젖이 울컥이고
그립고 보고싶어
가슴이 저릿저릿
그리운 그때 그시절
돌아가고 싶어라

벚꽃길

휘영청
벚꽃송이
꽃잎이 와글와글
가로수
벚꽃길에
모여든 상춘객들
꽃축제
맘껏 즐기며
벚꽃길을 걷는다

풍성한
꽃송이가
사르르 웃어주어
기쁨이
배로충전
가슴이 벅차구나
오늘은
행복을 담아
맘껏 달려 보누나

송연화

개나리꽃

하늘엔 은하수 별
땅에는 개나리 별
노랑별 조롱조롱
박혀서 어여쁘다
세상사 근심 걱정들
화려함에 잊었네

겨우내 봄이 오길
기다린 봄꽃 사랑
병아리 햇살한줌
개나리꽃 사랑아
뜨락의 꽃데이트에
봄 향기가 넘치네

햇살은 조근조근
꽃송이 펼쳐놓고
오가는 바람결은
꽃잎을 간질이네
나는야 꽃사랑 좋아
상큼해서 반했네

산수유꽃

봄비가 다녀간뒤
노랑별 나뭇가지
조로롱 걸렸어라
기다림 끝자락에
애달피 만난 산수유
그리움임 오실까

파아란 하늘빛에
노랗게 물들이는
별꽃들 반짝임에
지나간 그 추억들
벗들과 어울려 즐긴
꽃나들이 그립네

들녘에 오는 봄날
살포시 반겼더니
꽃선물 안겨주고
잔잔한 감등이야
산수유 병아리 웃음
맘 홀리는 하룻길

송연화

벚꽃사랑

시골의 산자락에
벚꽃들 활짝피어
한낮의 손님 유혹
발걸음 멈추시고
한컷씩 담아 가시네
흔들리는 사랑아

벚꽃들 한껏치장
뽀얗게 화장하고
바람결 춤사위에
넋놓고 바라보네
하얀꽃 두리 두둥실
이 가슴에 안기네

얼만큼 좋아해야
화답이 되어줄까
화사한 꽃사랑에
괜스리 미안해서
마음속 깊이새겼지
애인처럼 살며시

옹이꽃

굽이굽이 살아온 삶의 길
추위와 비 바람을 견디고
딱딱한 옹이가 되었네

많이도 서러웠을까
아픈만큼 탄탄해진 세월
뼈가되고 살이 되었으리

마디마디 옹이가 박혔어도
그 자리 붉은 꽃 피었으니
정녕 아름다운 것을

덕분에 꽃 놀이
즐기며 행복했었다고
속삭여 주련다

아름다운 꽃나무여
먼 훗날 고목이 되어
그 자리 버팀목 되려마

송연화

복사꽃

복사꽃 활짝피면
내 임은 오시려나
앞산의 뻐꾹새는
애달피 울어대고
한나절 봄 햇살 퍼져
향기넘쳐 흐르네

윗동네 아랫동네
복사꽃 피었다네
코 끝에 스치우는
임의 꽃 사랑가에
트롯을 불러보면서
추억 속을 달리네

그리워 그리워서
불러본 고향의 봄
아득한 그 시절은
손금을 보는듯해
잡힐듯 보이지 않아
애간장만 녹이네

배꽃

사랑이
봄바람에
간지럼 타고
까르르 웃는날

하얀 꽃
향기가득
뜨락에 넘쳐
버선발 꽃마중

꽃님들
놀랄까봐
살며시 담아
뒷 걸음 살짜기

꿀벌들
다녀가면
사랑의 열매
아사삭 맛나리

송연화

연산홍

붉게핀 사랑꽃에
마음은 두리둥실

둥둥둥 풍선처럼
부풀어 차 올라서

기쁘기 한량없어라
피고지는 연산홍

꽃무리 속에서도
참새들 술래잡기

짹짹짹 지저귀는
뜨락이 아름답네

하룻길 연산홍 보며
꽃물들어 가누나

잔디꽃

붉은꽃
어여쁘게
한마당 모여
잔디꽃 펼쳤네

꽃잎들
하늘하늘
춤을 추듯이
방문객 반기네

얼마나
공을들인
작품이란걸
한눈에 보이네

세상사
가고 옴은
자연의 이치
볼수록 고와라

송연화

조팝꽃

향긋한 내음
나폴 나폴이는
봄의 고운 뜨락은
향기로 넘친다

파란 하늘가
따스한 햇살에
눈이부신 꽃송이
송알송알 정겹다

조팝꽃 봄바람에
살랑이며 춤추고
꿀벌들 날아들어
하늘하늘 어여쁘다

연두의 이파리
빛나는 꽃무더기
진하게 꽃물들인
사랑이 좋아라

수런수런 뜨락
향기에 취해
나른한 춘곤증에
꽃 멀미가 났어라

엄나무순

향긋한 엄나무순
개두릅 파릇파릇

채취한 아름아름
자연의 선물이야

짱아찌 맛간장 담궈
삼겹살에 쌈 말이

산초의 가시찔려
팔 다리 상처나도

산행의 즐거움에
힘듦을 잊었어라

높은산 오르고 내려
하룻길을 즐겼네

송연화

금낭화·1

꽃등이 조롱조롱
알알이 맺혀있고

그리운 사연싣고
찾아온 금낭화꽃

꽃사랑 임의 향기에
미어지는 가슴아

마주한 발걸음에
화들짝 잠이깨어

반겨준 꽃사랑에
만남은 정다워라

뜨락은 사랑의 하트
방실방실 꽃웃음

금낭화·2

꽃등을
걸었어라
소원을 담아
내 임 오시는길

하룻 길
꽃등앞에
간절함 모아
줄지어 조로롱

사랑의
하트모양
꽃복주머니
볼수록 신기해

줄맞춰
걸어놓은
사월 초파일
연등같은 금낭화

송견화

봄나물

봄비가 살폿 다녀간 뒤
기름진 뜨락의 텃밭엔
아장아장 꼬물이들
반갑게 맞아준다

새싹인가 싶더니
제법 살 오르기 시작
파릇파릇 윤기가 나고
눈길이 머무른다

봄나물 상큼함이
입안 가득 침샘 자극
맛있는 맛 고이는 듯
그 설렘에 짜릿하다

향이 짙은 곰취랑
삼나물 명이나물
삼겹살에 돌돌말아
볼이 터지도록 만나자

이웃사촌들과 어울려
봄 향기 전하면서
막걸리 한잔의 나눔으로
삶의 이야기 펼쳐보자

붉은 아카시아

임의 발길 기다리는 붉은 맘
알알이 곱게 향기 풀어내며
바람에 살랑살랑 춤을추다

길고 긴 시간 그리움 안고
온종일 같은 자리에서
하염없이 기다려 주었구나

사랑을 한아름 담아
너에게 달려가는 꽃사랑
견디어 줘서 진정 고맙다

눈으로 힐링 맘껏하고
마음가득 꽃향기 품어
가슴에 차곡차곡 저장했지

이런게 꽃사랑일까
잠시 와 준 사랑 고마움 담아
아카시아꽃 하염없이 바라보네

속절없이 흐르는 세월 앞에
덤덤해지는 맘 아마도
이별이 난 두려운가 보다

송연화

아카시아

바람에 한들한들
하얀꽃 아카시아
들녘을 가로질러
실려온 향기로움
마당가 서성이네
그대사랑 꽃사랑

꽃피고 새가 우는
살찌운 초록 물결
푸르름 반짝이고
흐르는 세월따라
자연을 닮아 가는듯
향기로운 인생길

오늘도 샤방샤방
꽃향기 그윽함에
취한듯 흥얼흥얼
들길을 걸어 보네
일터를 내려 놓고서
풍요로운 이 마음

유채꽃

쌀 과잉 생산으로 고민 뚝
넓은 논밭갈아 대체작물
노오란 유채꽃 만발이다

키작은 유채꽃 아장아장
논밭을 가득 품고서 온
걸음 걸음이 어여쁘다

달달한 꿀 향기는
하늘을 찌를 듯 날고
향기에 머리가 어질어질

꽃 물결 바람에 일렁이며
파도처럼 넘실넘실
보는 맘 마구 설렌다

우연히 지나치다 만난
푸르름의 청코리
유채꽃의 아름다운 하모니

두 품종이라서 더 예쁜
들녘의 작은 사랑이들
어서 오라고 손짓하네

송연화

이팝나무

조로롱
맺혀있는
알알이 영근
하얀꽃 나무여

꽃 잔치
임의향기
채우고 담고
가로수 번지네

햅쌀밥
소복소복
가득히 담아
손님상 차렸네

잔치가
열렸어라
흥겨운 가락에
들썩인 어깨춤

해당화꽃

요즘은 꽃들의 천국인 것 같다
산에도 들에도 보이는 모두
꽃피워 아름답게 치장하고
향기로 뽐내고있다

색깔도 모양도 다른 꽃들
향기도 냄새도 각각
저 마다의 장기자랑으로
사랑의 유혹을한다

자연의 다채로움으로
가슴이 설레고
날마다 찾아오는 꽃사랑
흠뻑 취하여 참 좋다

덥지도 춥지도 않은
포근한 계절의 속삭임
꽃 잔치로 들썩이고
지역마다 난리법석이다

이 좋은 계절에 만는꽃
해당화는 우릴 반겨주고
화사한 꽃 웃음에
방그르르 사랑이 픈다

송연화

찔레꽃

한 아름의 추억을 안고
그리운 시절 살며시 다가와
아린맘을 전해주는 찔레꽃

추억 속의 찔레꽃 순정
향긋함으로 다가오는데
그 친구들은 어디에서 살까

산골 벗어나 도시인 되었을
고향의 소중한 벗들이
오늘은 유난히 궁금하다

산자락 녹음으로 넘치고
둘레는 이리도 아름다운데
그리운 모습 보이지 않네

기억도 가물가물
그 많던 집들은 헐리고
학교는 공장으로

추억은 가슴속에 저장되어
새처럼 날아 다니는데
현실은 보고픔 이란걸

친구야 내 친구야
바람결 이라도 좋으니
소식 전해 주려므나

송연화

꽃무덤

후드득 봄비처럼
내리는 꽃잎편지

하얗게 펼쳐놓은
꽃무덤 애잔하다

이별의 벚꽃 사랑아
부디부디 잘가라

언젠가 돌고돌아
또다시 봄 뜨락에

반갑게 맞이하고
마음껏 사랑하리

사랑아 벚꽃 사랑아
꽃 진자리 섧구나

아그배꽃

강변의
뚝방길엔
동그란 꽃봉우리
화사한 어여쁨에
발길을 멈추었다
꽃무리 터트리는 날
우리다시 만나자

얼마나
어여쁠까
심장이 콩닥콩닥
꽃 폭죽 터지는날
그대랑 꽃데이트
상큼한 꽃향기 취해
뚝방길을 즐기리

우주와
닮은자연
햇살이 주는 선물
벙글며 다가오는
아그배 꽃피는 날
그립고 보고싶어서
사랑찾아 오리니

송연화

블루베리꽃

앙증맞은 작은꽃 은방울
약속이라도 한 듯 찾아와
두런두런 속살 비추고

새콤달콤 진한 향기의
맛있는 열매 기다리는
농부의 아린 맘을 줍는다

애써 태연한 척 물끄러미
바라보는 넉넉한 미소
꽃 솎아 주면서 미안하다

후덕한 마음씨가 아닌
다음을 기다리는 손길
블루베리 꽃은 내맘 알까

손때를 놓치면 곧 후회되어
이내 냉정하게 툭툭 따낸다
알찬 열매 기다리는 마음으로

등나무꽃

보라의 꽃송이가
바람에 한들한들

그네를 타고있네
향기가 온동네를

휘감아 넘쳐흐르니
꿀벌들의 잔치상

마당가 등나무꽃
화려한 꽃 피움에

찻집은 시끌시끌
손님들 신이났네

하룻길 나들이기쁨
번져오는 사랑꽃

송연화

붓꽃

하늘을 향해 오물오물
피어오르는 보라의 붓꽃
들녘 언덕의 매력 덩어리

밤새 차가운 이슬을 맞고
아침에 꽃잎 활짝 열고
반갑게 맞아준다

농작물 자라고 있음을
날마다 눈도장 찍으며
사랑으로 살갑게 가고오니

그게 부러웠으랴
살며시 꽃으로 찾아와
방실방실 안겨온다

그리움을 풀어 놓는 날
향기의 뾰족한 붓끝으로
훗날을 기약해보리라

감자꽃

비바람 살랑살랑
하늘빛 사연 담아
족두리 화관을 쓴
감자꽃이 눈부시다

들녘은 선물처럼
내게로 사뿐사뿐
푸르름 안겨주는
고운 들녘의 사연들

숲 바람 지나가는
쉼터의 평상에는
이웃사촌들 모여
삶의 꽃 가득 피우고

감자꽃 피고 지니
터널 속 흰 속살 감자
꽉 채운 알 속닥속닥
까만 별밤 지키리

정직한 푸른 작물들
주인 사랑 받으면
꽃으로 화답하고
와르르 열매로 올거야

송연화

청보리

싱그런 유월의 빛나는 햇살
차분차분 대지에 내리고
노오란 꽃대 활짝 열고
알알이 영글어 가는구나

청보리 까슬까슬한
수염은 어디로 갔을까
탐스런 열매들 알알이
노오란 꽃처럼 보이네

하늘가득 담은 들녘
노오란 청보리 알들
들판 가득 펼쳐져
장관을 이루었네

볼거리로 만나게 된
청보리 가을이면
먹거리로 창고를 가득
살찌우게 되려나

그리움의 날들
품고 지켜 낸 역사
이 땅의 소중한 씨앗들
내일의 풍요이기에

바람은 구름을 신고
살랑 사랑 그네를 타고
청보리 고운 사연 싣고서
훨훨 그대들 곁으로

송연화

봄나들이

시동생 내외랑 함께한
봄나들이에 쌩긋한 하루
하얗게 피어난 매화꽃
생강꽃 산수유등등

복딱이던 맘 눈 녹듯
사르르 허물어지고
고속도를 달리는 맘
들뜨고 설렌다

가게 전기 공사로
지친 일상들 말끔하게
훨훨 털어 내고
빈 가슴 되어 돌아오리라

두 가족 정 나누면서
의좋게 살아가는 우애
형제의 뜨거운 사랑
살뜰하게 챙기며 내조하리

시골살이 평범하게
있는 자리에서
그대와 나 변함없이
나즉이 살아가리니

연둣빛 사랑

산과 들 푸른 물결
저마다 뿌리내려
바람에 일렁이고
눈 부신 햇살 담아
들녘은 연둣빛 사랑
키가 쑥쑥 자란다

언제나 한결같은
자연의 섭리 따라
계절에 오고 감에
빛가람 화려하네
새소리 바람 소리에
젖어 드는 그리움

정식한 농작물들
하루가 다른 빛깔
싱싱한 푸르름에
한시름 놓았어라
날마다 눈빛 사랑에
즐거움만 커가네

송연화

금계국 꽃

산책길 뚝방에는 꽃길
노오란 금계국 살랑살랑
미소가 얼굴가득 행복하다

아침저녁으로 걷는 이길
정녕 나만의 꽃길인 듯
자존감은 하늘을 날고

마음은 가득 부풀어
둥둥 떠다니며 한걸음씩
아름다운 꽃과 동행이다

오로지 건강을 챙겨야 하는
절실함이 요구되기에
부단히 노력을 다할 뿐이다

언젠가 수고 했다고
나 자신 토닥토닥 할때가
분명 돌아오리라 믿으며

하염없이 꽃길을 걸으며
내일의 풍성한 꿈을
한 아름 가득 펼쳐본다

장미꽃 모음

알록달록 아름다운 장미꽃
하늘 향해 오르는 은은한 향기
그 맛있는 향기에 취한듯
사람들 얼굴 꽃처럼 붉다

서로들 어울려서 사진을 담고
여왕 꽃 축제에 한껏 들떠서
즐거운 아우성에 시끌시끌
장미꽃 매력에 푹 빠져든다

잠깐만 외출의 시간 내면
이리도 즐거움 가득인데
바삐 살았던 지나간 시간들
아쉬움뿐이니 어쩌랴

아직도 할 일은 많은데
미련만 남기지 말고
후회 없도록 내실을 다지며
촌음을 아껴 써보자

송연화

물오리가족

둥둥둥 물오리 가족들
유영을 하며 노닐고
힘찬 날갯짓 바쁘다

아가들 공부시키며
자맥질 고기잡이
스스로 훈련중인가

눈과 얼음이 녹아
시냇물 수량 많아
물오리 신나게 헤엄치고

정답게 어울려 노는
물오리 가족들의 이동에
발길 멈춰 바라본다

들깨 파종

동그란 들깨씨앗
포토판 두알세알
토닥여 심어둔다
날마다 시간맞춰
물주고 정성을 다해
키워보자 들깨모

옥수수 수확하고
이모작 들깨심고
일년에 두번농사
공들인 정성으로
가을날 풍년을 기약
기쁨으로 맞으리

들기름 양념으로
건강한 먹거리로
밥상의 즐거움을
날마다 나누겠지
가족들 건강식품은
들깨사랑 이어라

송연화

4부. 뜨락의 꽃

꽃 심어주고 풀 뽑아주고
사랑과 정성을 다해
시간을 조금만 투자하면
이렇듯 주위가 평화롭다

뜨락의 꽃 중

뜨락의 꽃

이른 새벽 새소리에 눈을 뜨면
이미 발걸음은 뜨락을 향한다
군데군데 꽃들이 반갑게 피어
향기로 즐거움 주고 있기에

햇살은 장독대 가득 퍼지고
마당에 번지는 꽃향기로
벌렁코 되어 얼굴가득
행복꽃 잔잔히 피어오른다

꽃 심어주고 풀 뽑아주고
사랑과 정성을 다해
시간을 조금만 투자하면
이렇듯 주위가 평화롭다

요행을 바라지도 않는다
텃밭의 농작물 가꾸고
희망의 꿈 뿌린 대로
거두며 소박하게 살리라

장미축제

하루의 일손접고
삼척의 장미축제
엄마와 동행길에
웃음꽃 만발이지
모녀의 즐거운 외출
효도길에 오른다

장미꽃 각양각색
방글이 맞아주고
둘레길 자박자박
고운꽃 향기로움
꽃향기 그윽함 취해
축제장을 누빈다

가족들 보여주려
곱다고 한껏찍고
떼쓰며 엄마모습
살며시 담아본다
한평생 자식 위하여
헌신하신 어머니

젊은날 희생으로
육남매 키워내신
장하신 울어머니
사랑빚 갚으면서
이제는 효도하리다
오래오래 사세요

송연화

보리가 익어갈 때

봄은 말없이 떠나가고
더위가 시작되는 초여름
들녘의 아름다운 보리밭

어릴적 고향의 풍경이
눈앞에 펼쳐진 모습
누런 보리가 마냥 정겹다

할아버지 긴 수염처럼
알알이 영근 보리 이삭
황금빛으로 익어가네

유년의 어린 시절
고향의 정겨운 모습들
둥둥 떠오르는 그리움

푸르렀던 꿈의 시절은
아스라이 사라졌지만
아름다웠던 그 추억들

빛바랜 추억의 그시절
배고팠던 보릿고개
황금 보리밭 사연에 물드네

송연화

초록꿈

봄날의 하루하루
녹음과 반짝임이
골고루 뿌리내려
잎새와 줄기뻗어
초록꿈
푸르름 가득
싱그러운 모습들

연두는 초록물결
불러와 속닥속닥
모종들 파릇파릇
풀내음 싱그럽고
청초한
향기 뿌리며
내 마음을 헤집네

해맑은 햇살퍼져
고요한 가슴속에
파문을 일으키며
마음에 요동치는
숲 바람
멋진 자연에
행복한 삶 누린다

꿈 뜨락

마당뜰 참새들 수다 떠는
한낮의 오후 풍경 흠뻑젖어
저마다 바쁜 일상이다

그대는 낮잠 삼매경
행복한 휴식중이고
꿈 뜨락 마냥 즐거움이다

뜨락의 간이침대에서
때때로 시쓰고 댓글 달고
새들이 노래하는 정다운 곳

편안한 쉼터의 즐거움으로
좋은일 덤으로 오는
아늑한 우리집이 최고야

시골의 귀농 살이 어울리며
힘들게 일 배우고 익히면서
이웃과 정나눔 사랑 나눔

갑질 없는 전원생활 참좋다
자존감 삶의 질 늪여
즐거운 나의 인생 꿈꾼다

송건화

자연의 묘기

구름은 검은 연기이련가
노을은 활활 불타는듯
하늘에도 땅에도 장관
자연은 요술장이야

강가의 하얀 물안개는
아름다운 구경거리에
살폿살폿 피어오르는
진풍경을 연출하고있다

하늘의 선물은 축복
주어진 삶의 길 위를 걷는
향기의 하룻길 소소함
상큼함으로 물들인다

내가 사는 아름다운 곳
이 땅의 주인공 되어
시시때때로 변하는
자연의 선물에 감사하다

녹색혁명

아침의 상쾌함이
온 누리 번져가고
햇살의 반짝임은
다독여 살펴주네
따스한
하루의 햇살
반짝반짝 고와라

들녘의 농작물도
하루가 다른고습
성장들 쑥쑥이네
머무는 눈길마다
미소꽃
가득 피어서
둥근마음 되누나

자연의 감사함에
고운맘 가득실어
하루의 시작으로
벅찬의 감동물결
꿈꾼다
녹색 혁명가
푸른물결 번져라

송건화

저녁노을

저녁 하늘이 고와라
오렌지빛 가득 담은
서쪽 하늘 가 그림같다

자연이 빚어낸 예술작품
금새 사라져 아쉽지만
집에 있으니 마주해본다

갑자기 왜 뭉클해 지는걸까
생명의 소중함 더 진함으로
가슴을 파고 들었기에

소소한 일상의 즐거움들
나에겐 더없이 소중하고
자연과 나누는 즐거움

점점이 뭉게뭉게 떠 있는
흰 구름은 노을에 물들어
정다운 뜨락을 지켜줌이다

노을

저무는
하룻길에
예쁜 노을빛
멋지고 곱구나

간간히
흘러가는
검은 구름은
어디로 가는지

해님은
숨바꼭질
쫓기듯 가네
목적지 어딜까

서쪽의
저녁노을
아름다워라
자연은 마법사

송연화

여름의 시작

푸르름 짙어가는
들녘의 초록물결
햇살이 내려앉아
옥수수 팔랑팔랑
춤추듯 일렁이는 꿈
여름날을 재촉해

한낮의 더위피해
그늘 막 쉼터이동
새소리 바람소리
뜨락은 평화롭네
바람이 지나 가는길
뒤란뜰의 상쾌함

삶의 길 한자락에
웃으며 살아가는
우리의 보금자리
지키고 가꾸면서
정답게 그대와 둘이
행복하게 살리라

스치는 바람결은
사이다 톡쏘는 맛
덤같은 황혼인생
즐기며 살아가리
마주한 하루의 일상
살폿살폿 해지네

산괴불주머니꽃

알알이 조롱조롱
지천에 피었구나

산괴불 주머니꽃
화려한 등장이네

담벼락 흐드러지게
사랑꽃물 들었네

한적한 길모퉁이
돌아서 만난꽃들

자연과 멋진동행
산책길 즐겁구나

꽃사랑 깊어지는 맘
노랑노랑 꽃물결

송연화

모종 심고

하늘도 흐릿흐릿
축복의 아침이야
옥수수 모종 심고
늘어진 하룻 길에
마음은 쉼없이 달려
등줄기 땀 흐른다

시댁의 형제분들
다 함께 달려와서
부족한 일손 도와
마무리 말끔하게
힘든일 마무리짓고
옥수수는 꿈꾼다

봄비가 다녀간 뒤
힘없는 옥수수는
꼿꼿한 모습으로
힘자랑 어여쁘다
자라는 모습보면서
사랑많이 주리라

파랗게 펼쳐놓은
텃밭의 푸른 꿈은
꿈익는 여름날을
기쁨과 희망으로
큰 수확 보상해 주리
찰옥수수 먹는 날

곤드레 수확

숲속의 응달진 곳
연하게 곱게 자란
곤드레 나물 채취
첫 수확 즐거워라
연두의 곤드레 나물
먹거리가 좋아라

햇살이 살폿살폿
농장에 스며들어
초록빛 팔랑팔랑
풍년이 들었세라
친정집 함박꽃 웃음
올케언니 만만세

볶아서 반찬으로
생선에 조림하고
곤드레 밥도짓고
갖가지 요리응용
입안에 군침이 돌아
벌써부터 댕기네

송연화

청춘아

붉은꽃 노랑꽃이
저마다 아롱지다

추운날 엄동설한
어제의 얘기던가

햇살이 따사르운 날
봄 아가씨 마중길

우리도 먼 옛적에
활짝핀 청춘이라

세월이 야속하여
할미꽃 되었구나

그래도 남은 인생길
마음만은 푸르게

송연화

담쟁이

놀라운 신비생명
담쟁이 줄기뻗어
깡마른 벽을타고
손짚고 엉금엉금
임찾아 행복찾아서
목적지로 오르네

봐주는 사람없어
외로운 몸부림들
밤새워 부들부들
아침해 반가워라
담쟁이 사랑둥이들
어울리며 잘 살자

초록잎 나폴나폴
빛 바람 정겨움에
이파리 반짝반짝
선수들 암벽타기
한뼘씩 자라는모습
멋지구나 그대들

하지 감자

텃밭의 감자꽃이
송알이 가득피어
분냄새 풍기면서
왕관을 쓰고왔다
여름날 하지감자가
탐스럽게 오겠지

다산의 수미감자
알알이 주렁주렁
비닐속 옹기종기
주인과 만나는날
그날을 기다려줄까
행복하게 오려마

전화로 주문오면
입가에 미소가득
농부의 자긍심은
마음만 부자여라
차오른 보름달처럼
둥실둥실 커가네

송연화

비닐 씌우고

온종일 밭고랑에
엎드려 엉금엉금

시작이 반이라고
저녁이 되고서야

밭고랑 비닐 씌우기
완성하게 되었네

두사람 나뉘어서
양날개 마무리 일

호미로 묻어주고
마무리 깔끔하게

한해의 농사 시작에
햇살 축복이어라

까마귀

새까만 까마귀 떼
어디를 가는걸까

무리를 이루어서
들녘에 쉬고하네

서로들 울음스리로
알아듣고 있구나

까아악 울어 대니
까맣게 모여들어

땅에도 나무 위도
저들의 세상같네

사는 곳 찾아 가는길
쉽게쉽게 가려마

송연화

오 내 사랑아

선생님 선물주신
도자기 달항아리
백자의 은은함과
꽃무늬 도도함에
깊은 정 눈물샘 터져
번져오는 마음 길

도공이 된것처럼
만지고 바라보고
귀하고 소중하게
사랑에 푹빠진 날
둥근 맘 달덩이사랑
감사해요 선생님

날마다 챙겨주신
안부와 사랑으로
조금씩 성장하고
어른이 되어 가죠
커가는 오 내사랑아
또 한걸음 달려요

사랑비

세상사 마음대로
안된다 하더니만
모종들 심고나니
기쁨의 단비세례
좋아라 축복이어라
얼싸안고 즐기네

마른 땅 촉촉하게
사랑비 하늘선물
방글이 웃고있는
연두의 어린싹들
초록꿈 가득 펼치며
푸른벌판 지키리

앞산도 텃밭에도
푸르름 짙어가고
꿀같은 영양소가
골고루 내려주네
이 아침 반가운 손님
마른가슴 적시네

송연화

5부. 검정 고무신

고향의 그 동무들
지금은 어디에서

나처럼 추억할까
그립고 보고싶네

　　　　검정 고무신 중

검정 고무신

고무신 선물받고
어릴적 추억소환

물 위에 배 띄워서
맨발로 첨벙첨벙

피라미 물고기 잡고
깔깔대며 놀았지

고향의 그 동무들
지금은 어디에서

나처럼 추억할까
그립고 보고싶네

추억의 검정고무신
그 시절이 좋았네

그립다

그립다 말을하면
뒤돌아 보아줄까
떠난뒤 아쉬움에
살며시 젖어본다
새벽에 꽁꽁언 얼음
새롭기만 하여라

마지막 보는듯한
겨울의 흔적속에
가슴에 안겨오는
추억의 하얀 얼음
덧없이 흘러간 세월
가슴속에 새기리

너와 나 짧은 만남
긴 이별 시작이야
더 좋은 모습으로
다음을 기약하자
그리운 네모습 담아
고이간직 하리라

송연화

나의 보물들

시집책 한권 두권
쌓여서 책장보관
나만의 역사되어
칸칸이 집을짓고
소중한
나의 보물들
그리움을 삭이네

부상의 상패들도
덩달아 반짝반짝
선반에 차곡차곡
제자리 지켰어라
보는 맘
즐거움 가득
도전한다 시 한수

일상의 하룻길에
바빠도 시를쓰고
시간을 쪼개가며
사진을 담아두지
나만의
보물들 모아
꿈을 꾼다 문학관

송연화

희망길

자연이 품고있는
들녘은 아름다워
새울고 꽃이피는
농촌의 하룻길이
설렘과 벅찬 꿈으로
희망길이 열렸네

마음이 방글방글
웃으며 바라보는
뜨락이 아름다워
하나둘 가꾸면서
꽃씨를 심고 다독여
푸른꿈을 펼치네

백일홍 봉선화꽃
갖가지 씨앗들을
고운흙 살폿살폿
뿌리고 심었으니
노오란 꽃해바라기
키다리로 오겠지

가족

소중한 시간내어
우연히 만난가족

남매들 모인자리
웃음꽃 자락자락

어머니 가시그 나니
만남조차 어렵네

동기간 자주 만나
쌓인 정 회프 풀고

지내야 마땅한데
가뭄에 콩나듯해

각 처에 둥지튼 형제
어쩔 수가 없어라

송연화

예쁜집

동네의 맛집 식당
예쁘게 꾸며놓고

볼거리 제공하고
먹거리 항상 가득

정다운 이웃사촌의
아기자기 예쁜집

향긋한 꽃차대접
스미는 향기로움

꽃향기 입안가득
포만감 행복해라

넉넉한 주인댁인심
대박나라 외쳤지

판운 섶다리

섶다리
담고싶어
오전을 달려달려
조상님
삶의 지혜
배우고 터득하네
앞마을
건너 마을을
이어주는 섶다리

나무로
다리세워
솔가지 흙덮어서
긴 강을
이어놓은
지름길 편리하지
지금은
관광지 되어
지역경제 호황중

송연화

아침에

아침이 깨어났다
새들의 지저귐에

해님의 환한 모습
나무숲 사이사이

따스한 햇볕 나눔에
황금들녘 되었네

살며시 내려앉은
빛고운 아침햇살

청초한 맑음으로
이 하루 맞이한다

눈부신 황금빛 햇살
감사하며 보내리

카페식당

이월달
마감하고
서로가 토닥토닥
가게일
살림살이
쉬어본 하루어라
귀한몸
위로하면서
카페식당 향한다

향긋한
차 한잔을
마주한 우리부부
진심이
통하니까
미소가 절로피네
인생길
함께걸으며
한계단씩 오르리

송연화

지나간 세월

가슴에 옹이박힌
세월도 지나가고

늙으막 시인되어
소녀 때 꿈 이뤘지

흔적들 쌓이고 쌓여
가정역사 되었네

아프면 아픈 데로
지치면 지친대로

삶의 끈 놓지 않고
열심히 달렸어라

견디고 살아온 세월
웃으면서 살련다

송건화

닮은꼴 모녀

식성도 닮아가고
모습도 판박이로

자꾸만 별난 엄마
닮아서 걱정이네

우리는 닮은꼴 모녀
어찌하면 좋을까

유전자 신기하지
다른 듯 닮은 모습

모습은 닮았어도
마음은 닮지 말자

스스로 다짐하면서
먼 미래를 챙긴다

맹방 유채꽃

참 고운 봄날맞이
마음은 둥실둥실
노오란 유채꽃밭
가족들 즐겨본다
다 함께 즐거은 비명
즐거우신 어머니

효도가 별것이랴
눈높이 맞춰가며
말동무 친구 되어
살아온 지난 얘기
살갑게 들어주면서
공감하면 되는걸

향기는 하늘높이
두둥실 오르더니
그 진한 향기로움
온 들녘 뒤덮누나
하룻길 꽃나들이에
말랑해진 사랑아

보듬고 쓰담쓰담
노란꽃 코에대니
한아름 더여쁨에
향기에 취했어라
삼척의 맹방 유채꽃
지역홍보 효자꽃

송연화

등대

바람을 가르면서
두 등대 마주보고

바닷길 지켜주니
외롭진 않겠구나

바다의 수호신으로
길잡이가 되었네

만선의 고기잡이
어부들 길잡이로

우뚝 서 지켜주는
등대가 최고여라

제 역활 톡톡히 하는
아름다운 등대여

바다의 꿈

푸르른 희망 담아
바다야 불러본다
빈 가슴 바다의 꿈
한가득 퍼담았지
그대와 함께 달려와
푸른바다 실었네

가는 맘 오는 맘을
저 바다 알았나 봐
잔잔한 바다 모습
끝없이 펼쳤어라
둘레길 사뿐 걸으며
싱글벙글 이야기

바람이 숨어드는
절벽의 새파란 길
새소리 바람소리
풍경이 멋지구나
먼바다 한눈에 담아
사랑가를 부른다

송연화

파도

멍이든 검푸른 바다는
하얀 파도 밀려와
출렁출렁 물결치네

서러움을 쏟아내는 걸까
눈앞의 멋진 광경에
몰입되어 바다를본다

답답한 가슴 풀어헤치고
정다운 바다를 담아
기쁨으로 맞는다

철썩철썩 파도는 밀려오고
부서지는 하얀 포말들
세찬 바람과 함께 뒹구네

숨어든 비바람에
걱정일랑 접어두고
가슴에 스며드는 내사랑

그대랑 전국일주
여행코스 돌고 돌면서
동해안 일대를 누빈다

포항 호미곶

새천년을 창조한다는 포항
호미곶을 찾아서
발길을 옮겨본다

손바닥은 하늘 높이
다섯 손가락 펼친 의미
곰곰히 생각해 본다

꺼지지 않는 불의 씨앗
세군데 지역에서 모셔와
활활 타오르는 불

화합을 상징하고
번영을 추구하는 힘
역사를 만들어 가는 중

우리 모두의 소원을 담아
빛나라 새천년의 역사
커져라 국력이여

송연화

창작동네 시인선 188

동행의 길

인 쇄 : 초판인쇄 2024년 11월 05일
지은이 : 송연화
펴낸이 : 윤기영
편집장 : 정설연
디자인 : 정설연
펴낸곳 : 노트북 출판사_
등 록 : 제2012-000048호
본 사 : 서울시 동대문구 사가정로 256-4호 나동 B101
전 화 : 070-8887-8233 팩시밀리 02-844-5756
H   P : 010-8263-8233
이메일 : hdpoem55@hanmail.net
판 형 : 신한국판형 P144_140-220

2024. 11_동행의 길_송연화 제27집

정 가 : 15,000원

ISBN : 979-11-88856-90-9-03810

*저자와의 협의로 인지는 생략합니다.
*잘못된 책은 교환해 드립니다.